I love that you're my

Daughter

because

I Love You Because Books
www.riverbreezepress.com

To my Daughter

Love, _____

Date: _____

The best thing about
you is your

_____

Thank you for being
patient with me when

_____

I remember when we

_____

You have a wonderful

_____

You make me feel special when

_____

I am so proud of you for

_____

I love when you tell me about

_____

I love when we

_____

together

You taught me how to

_____

I know you love me because

_____

I wish I could

---

*as well as
you do*

I love that we have the same

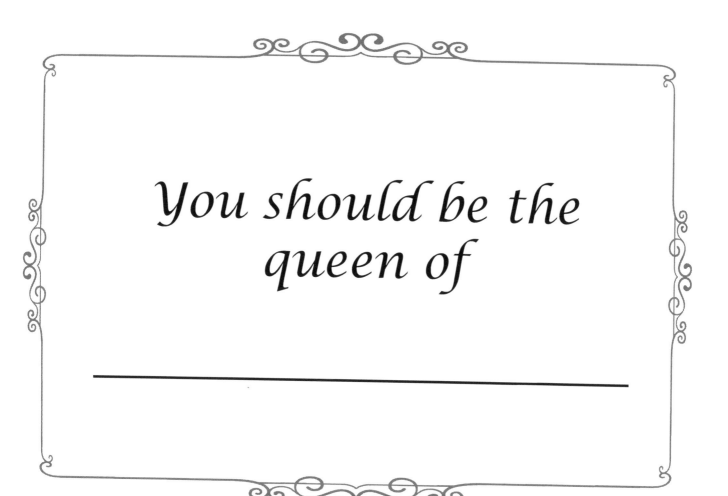

You should be the
queen of

_____

You have an amazing talent for

_____

You make me laugh
when you

_____

I wish I had more
time to

_____

with you

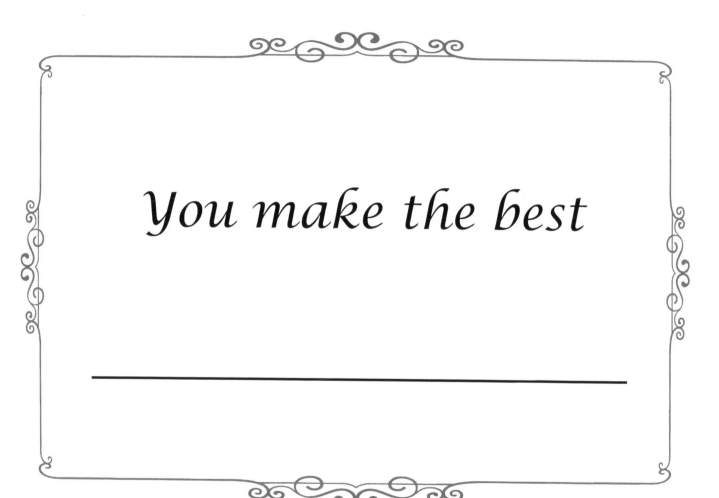

You make the best

You have inspired me to

_____

If I could give you anything it would be

_____

I would love to go

_____

with you

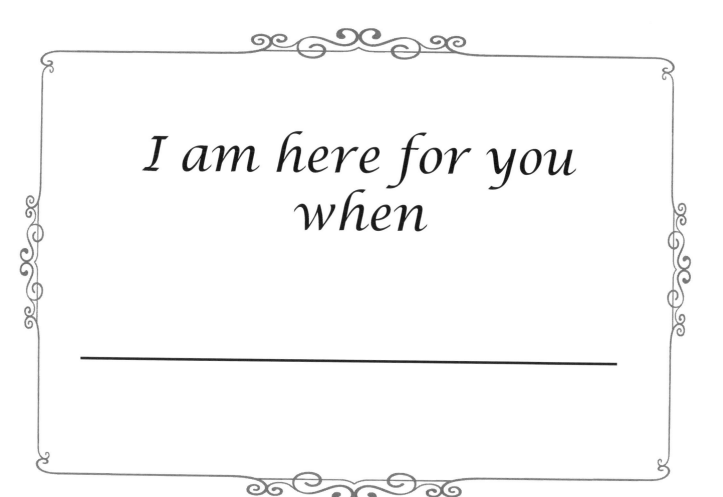

I am here for you when

_____

I love you
because you are